Manuela Kinzel Verlag
06844 Dessau * 73037 Göppingen
Tel 0340 / 2202 646

info@manuela-kinzel-verlag.de
www.manuela-kinzel-verlag.de

Titelbild: „himmelwärts“: Elisabeth Auer
Bilder im Buch: Johanna Elisa Herdtfelder

2. Auflage

ISBN 978-3-937367-10-1

Tobias Petzoldt

Es wird Zeit

Gedichte, Gedanken, Gebete.

Manuela Kinzel Verlag

Danke:
Dem Einen für Hoffnung,
Geheimnis und Inspiration,
allen Konzert- und Lesungsbesuchern
für die stetig wunderbare Gesellschaft,
den zwischenFall-Mitmachern
für's beständige Erhören ewigeitler Ergüsse,
allen Freundinnen und Freunden
für Zeit, Gefühl und Gespräch,
der Deutschen Bahn für bewegte Einkehr,
damit nichts auf der Strecke bleibt,
meinen Eltern für viel, der Kirche für Heimat,
Johanna für die linguistische Unterstützung
und alles andere auch.

Zum Geleit:
Es wird Zeit

Bestandsaufnahme

Blick nach innen

Fastengebet

Mach mich leer
und nimm hin
mich

Lass mich
außer mir sein
schicke in die Wüste
das Alltägliche

Lass mich trotzen
gewohnten Genüssen
bequemen Balancen
verfälschtem Verhalten

Lass mich widerstehen
dem Griff zur Flasche
zum Fleisch
zur Fernbedienung

Lass mich neue Wege
gehen, unbetretene
hin zu fremden Zielen
und anderen Aussichten

Mach mich leer
fülle mich neu
mit Geist

Zeitfrage

Als früher jetzt war,
war da auch schon
früher alles besser?

Als die Zeit jünger war,
blickte man auch zurück
auf die gute, alte Zeit?

Und wenn die Zeit
einst reif sein wird:
Sind wir es auch?

Seelenruhe

Es heißt, die Seele geht zu Fuß.
Wenn ich ihr aber enteile und
fahre, fliege, fliehe
von hier nach da,
von B nach A -
bleibt sie dann
auf der Strecke,
bleibt sie zurück
und ich,
bin ich dann
meine Seele los
und treibe fortan
seelenlos durch die Zeit?

Pränatal

Da war ich noch
Quark im Schaufenster,
sagst du. Doch trotz
genauer Beobachtung
habe ich in keinem
Schaufenster je
Quark gesehen.
Vor etlichen Jahren
aber schrieb einer
von einem Herrn,
dessen Augen ihn
schon sahen, als er
noch nicht bereitet
war im Mutterleib.
Warum also sollte
ich an all den Quark
glauben, der nicht ist
im Schaufenster?

nach Psalm 139

Ausgeburt

Fremd, faltig, frierend
das Neonlicht der Welt erblickt.

Und du,
froh, frei, frisch
fühlst dich tatsächlich
wie neu geboren?

Advent

Einfach schweigen.
An sich halten und den Mund,
bei sich sein statt außer sich,
sich besinnen statt besinnungslos
die Besinnung los zu sein,
in sich gehen und einen Moment
Herzschlag, Lidschlag, Glockenschlag
dort verweilen.

Was gibt’s zu Weihnachten?

Bei uns gibt es Gans,
sagt die Hausfrau.
Bei uns gibt es Streit,
sagen die Kinder.
Bei uns gibt es große Freude,
sagt Gott.

Klassen treffen

Vielleicht Weihnachten
Wenn sich alle Welt
Still und heilig umnachtet
Merkst du im
Kreis deiner Lieben
Wohin du nicht gehörst

Zu den Erfolgreichen nicht
Und nicht zu den Einsamen
Zu den Lachenden nicht
Und nicht zum Gelächter

Dreh dich
Um deiner Willen
Nicht um

Atmen

Zwischen den Bergen,
zwischen den Jahren,
siehst du die Lichter
auf halber Höhe,
den Schnee auf den
Dächern, die Last
auf deinen Schultern.
Und du wirfst hinab
das Schwere, und du
atmest die Luft, die
rein ist und klar, du
atmest aus, atmest
durch, atmest ein und
einen guten Moment
bist du eins mit dem
Wind, mit dir und dem,
der größer ist als du.

Neujahrsmorgen

Unsere Schritte
deine und meine
in frischem Schnee
eine reine Parallele
ins frohe Neue.

Was wird werden
wenn's wärmer wird.

Bestandsaufnahme

Am Anfang des Jahres und
gelegentlich in dessen Verlauf
es den Geschäften gleichtun und
Inventur machen um zu sehen,
ob man noch alle hat und alles,
ob Soll und Haben sich gleichen,
ob da Leichen sind
im Keller, im Kopf, im Gemüt
oder ob es noch lebt tief drinnen
und verfügbar sind Herz, Hut, Hirn.

Die Problemzone

Manchmal, wenn
ich fliege über
Schrebergärten,
Autobahnkreuze,
Baumarktparadiese,
zieht mich hinab mein
plötzlich schweres Herz,
die Problemzone.

In Ordnung

Vielleicht wäre ein Schrebergarten
das Richtige. Einer in einer Anlage,
in der sich alle kennen und können,
in der einer der Gartenfreunde
kassiert, einer den Samen bringt und
einer den Haupthahn zudreht
im Herbst. Das Bier im Heim ist billig
und der Feind ist klar, die Blattlaus,
der Einbrecher, der erste Nachtfrost.
Furchen und Früchte können sich
sehen lassen und überhaupt ist
alles in bester Ordnung, darüber wachen
die Satzung und der Nachbar.

Nachsorge
Einblicke einer Körperkontrolle

Blick nach innen
Flirrend im Neonlicht
Auf gelbe Inventarziffern

UND EINATMEN

Die Zeit steht
Jetzt weißt du
Etwas über Ewigkeit

UND LUFT ANHALTEN

Herz-Schlag um Schlag
Fleisch vom Fleisch
Negativ gleich positiv

UND WEITERATMEN

Unbekannte Gewässer

Voll Vorsicht
dein erster Schritt.
Du zagst. Du zögerst.
Gilt das Knacken dir?

Dann gehst du los, Tritt für Tritt
trittst du weiter und weiter
und spürst, wie das Eis dich hält,
wie das Wasser trägt und
dass es gut war und an der Zeit,
zu wagen den ersten Schritt.

Wer Er ist

Reden von Jesus

Eine Frage

Wenn deine Jünger, die Tag und Nacht
das Leben mit dir teilten, mit dir
sprachen, aßen und lachten vielleicht,
wenn also selbst die mitunter ihre
Zweifel hatten und gelegentlich
klein war ihr Glaube,
wie sollte es zweitausend Jahre später
und ohne die Möglichkeit, den Finger
in deine Wunde zu stecken und deinen
Körper zu tasten als Beweisstück,
ganz ohne Fragen zugehen
an dir und an dich?

Jesus fragt

Jesus spricht:
Ich bin
der gute Hirte,
das Brot des Lebens,
das Licht der Welt,
der Weg und die Wahrheit,
die Auferstehung und das Leben.

Und er fragt:
Was bin ich für dich?

Verkehrte Verhältnisse

Umständehalber in anderen Umständen
Hoffnungsfroh in guter Hoffnung
Unterwegs ist etwas unterwegs.

Doch die Mutter viel zu jung
Und der Vater nicht der Vater
Und das Kind nicht geplant
Und die Reise nicht gebucht
Und kein Geld in der Hand
Und kein Dach überm Kopf
Und kein Bett und kein Tisch
Was für Verhältnisse!

Niedrig für eine Niederkunft
Entehrend für eine Entbindung
Unfreundlich für ein freudiges Ereignis.

Und die Mutter, na ich weiß ja nicht.
Ausgerechnet sie soll vom Herrn
Besonders begnadet sein?
Und die Kraft des Höchsten
Soll ihren Schatten geworfen haben
Auf die?

Und im Stall: Der Dreck!
In eine Futterkrippe haben sie das Kind gelegt.
Eilend laufen herbei die Stinkenden
Dreck fängt Fliegen
Zu finden den Heiland
Dort?

Und ein Kind – das Geschrei!
Das soll ein mächtiger König sein
Mit einem Reich ohne Ende?
Auf seiner schwachen Schulter
Soll ruhen die Herrschaft
Der Welt?

Das kann doch nicht wahr sein.
Das soll einer glauben.
Das ist doch die Höhe!

nach Lukas 1-2

Wer er ist I

Und Jesus fragte:
Was glauben die Leute,
wer ich sei?

Nicht mehr als eine gute Idee, sagte einer.
Ein großer Mensch, uns allen Vorbild, sagte
ein anderer.
Der einzige Weg zu Gott, sagte ein Dritter.

Darüber gerieten sie heftig in Streit
und in Vergessenheit geriet
Jesus, der Friedensstifter.

nach Matthäus 16,13

Wer er ist II

Und Jesus fragte:
Was glauben die Leute,
wer ich sei?

Vielleicht ein Prophet, sagte einer.
Vielleicht der Täufer, sagte ein anderer.
Vielleicht ein wichtiger Herr, sagte ein Dritter.

Und Jesus fragte:
Was meinst *du*,
wer ich sei?

Du bist Christus,
des lebendigen Gottes Sohn.

Und Jesus sagte:
Selig bist du.

nach Matthäus 16,13

Vermeldung

Geheimnis
Des Glaubens
Durch ihn
Mit ihm
In ihm

Reden von Jesus

Was nützt es, sagst du,
ihn zum Vorbild zu nehmen,
der ist doch, sagst du,
gescheitert am Kreuz.

Was aber sagst du
zum Leben
danach?

Sein Reich

Mein Reich ist nicht von dieser Welt.
Johannes 18,36

Sein Reich
ist nicht von dieser Welt
wegzudenken.
Wo kämen wir denn
sonst hin.

Letzter Aufruf

Wer unter euch der Erste sein will, der sei euer Knecht.
Matthäus 20,27

der Erste wird
der Letzte sein
der Allerletzte
ein Abbild Jesu
der sitzt aus
Gottes Perspektive
auf rechter Seite

Unter Brüdern

Von Werkzeugen Gottes

Unter Brüdern

Wie Brüder sollt ihr sein,
hieß es von der Kanzel.

Wie denn?
Einander betrügen
wie Jakob und Esau?
Den anderen erschlagen
wie Kain den Abel?
Uns neidvoll abwenden
wie der Bruder sich
vom verlorenen Sohn?

Werkzeug Gottes

Der Herr sprach: Dieser ist
mein auserwähltes Werkzeug.

nach Apostelgeschichte 9,15

Bist du, Gott befohlen,
Schmiedeeisen, Amboss, Hammer,
Ramme, Kettensäge, Pressluftbohrer

oder ein Feinschraubendreher,
der das Schräubchen justiert,
das locker ist?

Ernst der Nachfolge

Und einer sprach:
Ich will dir folgen, wohin du gehst.

Und Jesus sprach:
Die Füchse haben Gruben
und die Vögel haben Nester,
aber der Menschensohn hat nichts,
wo er sein Haupt hinlege.

Und wir sprechen von Bausparverträgen,
Wert steigerndem Immobilieneigentum
und zeigen dem Fremden nicht ohne Stolz
unser Eigenheim.

nach Lukas 9,57-58

Babel, später

Die Sprachverwirrung ist aufgehoben.
Hier auf der Glaubenskonferenz
sprechen alle dieselbe Sprache:
Cool, crazy, oh my god!

Ob wir uns jetzt besser verstehen?

Diener eines Herrn

Der Größte unter euch soll euer Diener sein.
Matthäus 23,11

Der Größte
Unter uns
Gesagt, der steht
In aller Bescheidenheit
Vor ihnen
Ich
Soll Euer Diener sein
Sklave, Handlanger, Kofferträger?

Mir hilft auch keiner
Jeder muss sehen
Wo er bleibt
Was aus ihm wird
Wie er zurechtkommt
Und zu Recht.

Soll euer Diener sein
Der oder die oder das
Aber doch nicht
Ich!

Vom verlorenen Sohn

Viel ist geschrieben,
wie heimwärts getrieben
der, dem nichts geblieben.

Doch selten wer sagt,
wie es doch behagt,
dass einer es wagt:

Haus verlassen.
Geld verprassen.
Leben lassen.

nach Lukas 15,11ff

Verhältnismäßigkeiten vom Verlorenen

Nachdem er das Verhältnis
zur Familie kappte,
über seine Verhältnisse lebte,
Verhältnis um Verhältnis hatte
und es ihm verhältnismäßig gut ging,
änderten sich die Verhältnisse.
Verhalten kehrte er zurück,
sein Verhalten ändernd.

nach Lukas 15,11ff

Halt

Hält Er dich
auf, hält Er dich
an, hält Er dich
fest, hälst Du inne
und was gibt dir
Inhalt?

Pflug und Trug

Wer seine Hand an den Pflug legt und sieht zurück,
der ist nicht geschickt für das Reich Gottes.

Lukas 9,62

Ob aber einer der seine
porentief reinen Hände
noch nie an einen Pflug
gelegt hat und obendrein
nur ungern zurückschaut
und lächelnd auf das
Glauben, Lieben, Hoffen
vergangener Zeiten;
ob unsereiner also geschickt ist
für das Reich Gottes,
ist noch lange nicht gesagt.

Der erste Stein

Man muss kein Prophet sein

Der erste Stein

Wer von euch ohne Sünde ist, werfe als Erster einen Stein auf sie.

Johannes 8,7

Der Schuldigen
Nach frischer Tat
Steine in den Weg gelegt

Das Gesetz
Klar geregelt
In Stein gehauen

Das Volk
Aus Gewohnheit
Versteinert den Blick

Der Eine
Hebt auf
Den Stein des Weisen

Die Leute
Verwerfen verschämt
Den Stein des Anstoßes

Ein Stein
Fällt vom Herzen
Und kommt ins Rollen

An die Gerechten

Ich bin hungrig gewesen und ihr habt mir
nicht zu essen gegeben.
Ich bin durstig gewesen und ihr habt mir nicht
zu trinken gegeben.
Ich bin ein Fremder gewesen und ihr habt
mich nicht aufgenommen.
Ich bin nackt gewesen und ihr habt mich nicht
gekleidet.
Ich bin krank gewesen und ihr habt mich nicht
besucht.

Mit gefalteten Händen,
geschlossenen Augen,
lobpreisenden Lippen
wart ihr in Frieden mit Gott und eurer Welt,
den Blick nach innen konntet ihr nicht sehen
mich.

nach Matthäus 25,31ff

Vom Beten

Wenn du betest, so schließe die Tür zu, dann bete zu deinem Vater, der im Verborgenen ist. Und wenn ihr betet, sollt ihr nicht plappern wie die Heiden, die meinen, sie werden nur erhört, wenn sie viele Worte machen.

nach Matthäus 6,6ff

Seitdem festgestellt wurde,
dass Gott nicht nur Latein versteht,
muss sich der Allmächtige
einiges anhören.

Wir haben die Zungen gelockert,
die Formeln verlassen und reden,
wie uns der Schnabel
gewachsen ist:

Laut, viel, gern in Gesellschaft,
mit Gesten, mit Eifer, vor seichter Musik,
die Hände zum Himmel,
die Blicke zum Boden.

Wir beten laut, wir reden viel,
wir nehmen alles und jeden
ins Gebet, als könne dem Einen niemals
Hören und Sehen vergehen.

Betende Hände

Die gefaltete Hand
reicht sich schlecht,
die nach oben gestreckte
kann kaum geben.

Unser tägliches Brot

Unser tägliches Brot
Gib uns heute
Weil das von gestern
Ein hartes Brot ist
An dem wir lang
Zu kauen hätten.

Unser tägliches Brot
Gib uns heute
Weil wir etwas brauchen
Zwischen den Zähnen
Zum Beißen und
Zum Festbeißen.

Unser tägliches Brot
Gib uns heute
Weil wir sonst
In Versuchung kommen
Uns zu nehmen
Was nicht unser ist.

Offenbarung

Weil du aber lau bist und weder warm noch kalt,
werde ich dich ausspeien aus meinem Munde.
Offenbarung 3,15

Weil du dich nicht
mir übergibst
muss ich mich übergeben
vor dir.

Weil du nicht brichst
mit dem Zaudern
kann ich nicht anders
als brechen.

Weil du lau bist
nicht heiß, nicht kalt
finde ich dich
zum Kotzen.

Auge um Zahn

Ihr habt gehört, dass gesagt ist: »Auge um Auge, Zahn um Zahn.« Ich aber sage euch, dass ihr nicht widerstreben sollt dem Übel.

Matthäus 5, 38

Wenn ein Auge das andere
und ein Zahn den anderen rächt,
bleiben zurück zahnlose Blinde,
auf dem Zahnfleisch kriechend.

Volksweise

Wenn Schweigen Gold ist,
wäre die Welt versilbert.

Wenn dem Hochmut ein Fall folgt,
wären wir beständig am Boden.

Wenn eine Hand die andere wäscht,
wäre das Schwarze unter den Nägeln nicht.

Wenn man durch Schaden klug wird,
wären wir ein Volk von Denkern.

Wenn Not zu beten lehrt,
wie fromm wären die Menschen.

Scheidung

Am Tage
nach seiner Hochzeit
nahm sich der große Diktator
das Leben.

Hätte er nicht
zwölf Jahre eher
seine Verhältnisse
ordnen können?

Totenstille

Zwischen allen Gräben
herrscht Ruhe, nur im Flüsterton
sagt man sich das Nötigste,
der Gegner liegt auf
dreißig Schritt gegenüber
und jeder Ton kann
der Tod sein.

Schreien dürfen nur
die Getroffenen,
bevor sie für immer schweigen
und Ruhe herrscht
zwischen allen Gräbern.

Denkmal

In Stein gehauen
die Helden nach
dem ersten Krieg.

Aufgeschrieben
die Toten nach
dem zweiten Krieg,
zu knapp war gewesen
der Platz auf dem Stein.

Wo werden bleiben
die Namen nach
dem nächsten Krieg?

Reichsbahnbeamter im Prozess

Wir haben davon
doch gar nichts gewusst.

Wir hatten doch
unsere Anweisungen.

Wir haben nur
die Signale gestellt
und die Weichen.

Prophetie

Da sieht einer etwas,
was du nicht siehst,
weil du allzu oft
die Augen verschließt,
geblendet vom warmen Licht
gemütlicher Gewohnheiten.

Da sieht einer etwas,
was du nicht sehen kannst
mit vollem Bauch
und leerem Herz,
beim Blick in den Spiegel
sieht man allein sich.

Da sieht einer etwas
und hält es dir vor
und führt es dir vor
Augen in seinem Wort
und in Bild und Ton
in den Abendnachrichten.

Kein Prophet sein

Man muss kein Prophet sein
um zu sehen den Verfall von
Macht, Moral und Marktbeherrschung.

Man muss kein Prophet sein
um zu sehen den Irrweg zu
Tragik, Tod und Teufelskreisen.

Man muss kein Prophet sein
um zu sehen das Ende durch
Klima, Krieg und Katastrophen.

Man muss kein Prophet sein.
Man muss umkehren.

Erderwärmung

Und Gott sprach zu ihnen: Füllt die Erde und macht sie euch untertan.

nach Genesis 1,28

Wir haben uns die Erde
zum Untertan gemacht
und sind warm geworden
mit ihr.

Besetztes Land

Zum Beispiel sind
Haribo und Milka,
Schauma und Tempo
bei Kaufland so günstig,
tankt ein Volkswagen
am besten bei Aral,
lebt eine Mielewaschmaschine
auch auf Polnisch länger
mit Calgon.

„Reklama“ im polnischen Fernsehen

Finanzkrise

Das Geld ist nicht alles,
das Geld ist alle,
das Ersparte bleibt
uns nun erspart,
da eine Krise kreiert ist.

Lohnt sich der Lohn?
Halten die Gehälter?
Verlieren wir die Verluste?
Und finden wir uns ab
mit ihren Abfindungen?

Für dich gestorben

Seine Passion

Seliges Ende

Dem Ganzen die Dornenkrone aufgesetzt
Im Zweifel gegen
Den Angeklagten todessträflich verurteilt
Blut und Wasser geschwitzt und vergossen
Das Haupt geneigt
Gott sei's geklagt
Tot ist tot
Gott hab' ihn Selig
Sind die, die nicht sehen
Und doch glauben.

Sie aber hatten die Ungnade
Der frühen Geburt
Und könnten ihn schauen ohne
Brett vorm Kopf
Balken im Auge
Hand vorm Mund.

Doch sie glaubten gottweißwas
Sie glaubten, es sei ein Irrtum
Es sei ein Geschwätz
Es sei der Gärtner
Sie glaubten, er wurde und bliebe
Ihnen gestohlen.

Sie hatten sich verdrückt
Und die Türen verrammelt
Einer hatte etwas Besseres vor
Die meisten hatten ihre Zweifel
Zwei Wanderer aber hatten einen mitlaufen.

Dann stand er vor ihnen
In neuer Frische.
Einer legte die Finger in die Wunde und seine
Zweifel ab
Ein anderer hing bläulich am Baum
Ein Dritter aber wurde reich beschenkt:

Er bekam die Himmelsschlüsselchen vom
Meister selbst
Er erhielt eine Wetterkarte vom Volksmund
Er ergatterte einen Sitzplatz, den Stuhl Petri.

So saßen und blieben wir beieinander.
Der eine aber lässt uns nicht sitzen
Er macht uns Beine
Und lässt uns hingehen
Um die Schafe zu weiden
Und als Leithammel ihnen
Die Richtung zu weisen.

nach Matthäus 26-28

Für dich gestorben

Nach dieser Enttäuschung
sei der liebe Gott endgültig
für dich gestorben.

Doch starb er nicht
viel früher für dich
auf Golgatha?

Verräter

Nach Lage der Dinge
und Prüfung der Akten
war Judas nur einer
von vielen.
Bin ich's, Herr?

Tisch des Herrn

Er hat uns alle
an einen Tisch gebracht,
unter den nichts fallen kann,
von dem nichts gefegt und
über den niemand gezogen wird.

Er hat uns alle
an seinen Tisch gebracht,
damit vom Tisch kommt
was uns trennt und wir
reinen Tisch machen können
mit ihm und mit uns.

Abendmahl

Sein Leib:
Für uns gegeben.
Sein Blut:
Für uns vergossen.
Sein Leben:
Uns aufgetischt.

Volksentscheid

Sie schrieen: Kreuzige ihn!
Pilatus fragte: Was hat er denn
Böses getan?
Sie schrieen lauter: Kreuzige ihn!

Alle Gewalt geht
vom Volke aus.

nach Markus 15, 13f

Handgebrauch

Einer wusch seine Hände in Unschuld,
eine Hand wäscht die andere
und dann legten sie Hand an ihn.

Vorher trugen sie ihn auf Händen.
Doch liegt es auf der Hand,
sich die Macht nicht aus den Händen reißen
zu lassen.

Bei einem Handgemenge
bekamen die Handlanger der Herrschaft
ihn in die Hände.

Hinter vorgehaltener Hand sagte man,
einer von ihm hätte seine Hand im Spiel
gehabt gegen ein Handgeld.

Den Seinen waren die Hände gebunden.

Kreuzweg

Neben der Kreuzung
vor dem frischen Kreuz (eines mehr)
brennt ein ewiges Licht
vor immer frischen Blumen
und Briefen aus Herzblut.

Und immer und immer fragen
nach dem Warum, was wäre wenn
und ob es nicht ein anderer Weg
hätte sein können, damals,
oder ein Bier weniger.

Neben der Kreuzung
vor dem frischen Kreuz (eines mehr)
nähren sich die Blumen von Tränen
und das Licht lässt sich nicht
löschen im Herzen.

Und immer und immer erinnern,
Nachrichtenwert
eine Staumeldung lang
und eine Zeitungsnotiz
zum ersten und letzten Mal.

B95, für I.

Corporate Design

Form folgt Funktion.
Die Vollzugsart liefert
das Logo: Ein Kreuz.

Schlicht, ergonomisch, klare Proportionen.
Dauerhafter Wiedererkennungswert.
Die Römer hatten selbst für das Allerletzte
stilistisch etwas übrig.

Wie sähe das sonst auch aus:
Eine Giftspritze als Sargverzierung,
ein elektrischer Stuhl als Turmspitze,
ein goldener Galgen um den Hals.

Kreuzworte

Kreuzworte.
Worte vom Kreuz.
Worte zum Kreuz.

Kreuzworte.
Das letzte Wort sagt,
der nichts mehr zu sagen hat.

Kreuzworte.
Und er gibt uns sein Wort
und sich.

Kreuzworträtsel

Kreuzworte. Wortkreuze.
Wenn Blicke töten könnten ...
... könnten es Worte auch?
Was sagst du?

Karfeiertag

Es gibt etwas zu feiern, da sind wir dabei, das ist prima und solange der Kelch voll ist und nicht an uns vorübergeht, übergeben wir in treue Hände uns und unseren Geist, beziehungsweise was davon üblich und übrig ist. Denn wenn wir Party machen, ist unser Reich nicht von dieser Welt, da vergeben wir uns nichts, solange unser Wille geschieht. Kann sein, dass wir nicht wissen was wir tun, aber mein Gott, mein Gott, was gibt es denn auch zu vollbringen, es ist doch Feiertag, ein freier Tag, ein Freitag, und was auch immer ihr feiert, wir sind dabei, Prost.

Karzeit

Zwei Tage
stand das Leben still.

Zwei Tage
bestand das Reich des Todes.

Am dritten stand Er auf.

Unser Herr

Hinabgestiegen
In das Reich des Todes
Aufgefahren
In den Himmel
Unsertwegen
Himmel und Hölle
In Bewegung gebracht

Jesus lebt

Sie haben ihn getötet.
Sie haben getötet, die ihm folgten.
Sie töten wieder und wieder sein Wort.

Doch er ist einfach nicht totzukriegen.

Ein neuer Morgen

Als er widerstand
und wieder stand,
als er aufstand
und erstand vom
Reich der Toten
an einem neuen
Morgen, ging
die Sonne auf
und er uns voran
in sein Reich.

Frauen zuerst

Vom Kommen
des Gottessohnes
hörten zuerst
Maria und Elisabeth,
seine Auferstehung
erfuhren vorab
drei Frauen am Grab.

Nun schrieb später einer,
dass schweigen solle
das Weib.
Doch wie sollten wir dann
wissen die gute Hoffnung
vom Leben?

nach Lukas 1; Markus 16,1; 1. Korinther 14,34

Nach Ostern

Immer wieder wächst Gras
Über das Grab, das leer war
Immer wieder muss ausgerissen werden
Das Gras, das über das Grab wächst

In der Kirche

Heilige Achtung

Umgekehrt

Als ich einmal mehr
unterwegs war zu einem Ort,
der zu merken nicht wert war,

als einmal mehr
die Zeit knapp war
und der Weg noch lang,

als einmal mehr
der Tag gefüllt war mit
allerlei Wichtigem,

stand am Wegrand eine Kirche
und ich, schon fast vorüber,
sah eine offene Tür und trat ein.

Stille.

Zwischen altem Gebälk stand die Zeit
und über dem Altar, dass die Ersten
die Letzten sein werden.
Und umgekehrt.

Sonntagmorgen

Dort, wo du nicht sitzt,
saßen einst die,
deren Namen du trägst.

Dorthin, wo du nicht gehst,
brachten sie ihre Kinder,
ihre Toten und sich.

Da, wo du nicht bist,
ist eine Leerstelle jetzt
und ich frage mich,
wie du sie füllst.

Was werden wird

Was will das werden, haben wir gefragt, als sie sich bewegten, als wären sie voll vom süßen Wein. Wo doch jeder weiß, was das für Leute sind, die voll sind mit Wein der süß ist, lieblich, wie man gnädiger auch sagt zu all der Plörre, die Leute eben trinken, die beizeiten am Tag schon voll sind von Wein aus Tetrapacks oder Sternburg rot.

Was will das werden, haben wir gedacht und die Köpfe geworfen vor Staunen, Spaßen, Spotten über die Verzückten, wie sie auf Teufel komm raus die Hände zum Himmel rissen und dabei viel Wind und Lärm machten um nichts Sichtbares. Wie es eben zugeht bei Charismatikern und Dogmatikern in unseren Hallen, die heilig sind und es gefälligst bleiben.

Was will das werden - und was haben wir gelacht über all die Träumer, Trottel, Traditionalisten, die irgendetwas zum Dranglauben brauchen, damit sich um Gottes Willen Tod und Teufel ertragen lassen.
So haben wir uns Pseudopsychologen, gottverdammende Systemanalytiker und freudsche Verbrecher zwischen Penisneid und Pensionierung zu Rate gezogen, um unser Lachen wissenschaftlich zu machen.

Als sich aber der Sturm gelegt hatte, kamen uns ein paar ernste Fragen zur Person und zur Sache. Denn es war nur eine Frage der Zeit, bis auch uns sich die letzte und entscheidende Frage stellt, was das denn werden wird mit uns und ob es einen gibt, der uns rettet aus diesem Leben ins Leben.

nach Apostelschichte 2
Pfingsten, Geburtstag der Kirche

Fanblock

Fan [von lat. fanaticus, fanatisch]: begeisterter Anhänger von etwas oder jemandem

Wir sind da, wir sind dabei, wir sind viele.
Gefühle, Stärke, Leidenschaft,
wir sind die Guten und lassen dem Gegner
keine Chance.
Wir rufen die Rufe, wir singen die Lieder,
gemeinsam sind wir laut und stark bis zur
Gänsehaut, die uns über den Rücken läuft
und uns Tränen in die Augen treibt.
Wir skandieren Parolen, wir schwenken
Fahnen, wir springen auf,
bis es keinen länger auf den Sitzen hält,
die Hände zum Himmel und keiner ist allein,
einen Sonntagvormittag lang in unserer
von allen guten Geistern bewegten Gemeinde.

Meine große Schuld

Und immer und immer
Schuld, Schuldner, schuldig
im Sinne der Anklage,
die da kommt von der Kanzel
her auf Arme, Elende, Sünder.

Da kann man nichts machen.
Da kann man nur scheitern,
zerbrechen und brechen mit
allen guten Geistern,
die uns verlassen haben.

Im Kloster

Der Gesang
ausdauernd alt
Die Gebete
zeitlos zelebriert
Das Gesagte
wohltuend weltfremd

Kirchenspitze

Aus nebliger Ferne
bleibt unklar, welche Botschaft
kommt von oben:

Ist's ein Hahn,
der sich dreht
nach dem Wind?

Ist's ein Sender,
der verlautbart
alles Mögliche?

Ist's ein Kreuz,
das kund macht
das Leben?

Heilige Messe

Welch heilige Einfalt
vor der Dreifaltigkeit
in diesen heiligen Hallen
mit allen Heiligen und allen,
denen noch etwas heilig ist.

Heilige Achtung

Verneigen
vor dem Kreuz
vor dem Ewigen
vor dem ewigen Licht

Das Zeichen
des Kreuzes
an Kopf, Körper
und Herz

Respekt
vor dem Wort
des Lebendigen Gottes
Dank sei dir Herr

In der Kirche

Woher sie auch kommen,
wohin sie auch gehen,
wer sie auch sind –

einen Augenblick
hat aller Augen Blick
dieselbe Richtung:

Zum Kreuz.

Was werden wird

Zu guter Letzt

Jenseits

mit jedem neuen Tag
fallen wir dem Fremden
ein Stück entgegen

dass es ewig
göttlich dort sei
sagen die Bücher

Wenn du kommst

Wenn du kommst,
so nenne uns Tag und Stunde,
damit wir auch zuhause sind.

Wenn du kommst,
dann nicht wie der Dieb in der Nacht,
das macht man nicht.

Wenn du kommst,
komme nicht mit Kraft und Herrlichkeit,
denn so vergehen wir
allein vor Furcht.

nach Matthäus 25,12; 1.Thessalonicher 5,2; Lukas 21,26-27

Grundkenntnisse

Und er wird zu euch sagen: Ich kenne euch nicht; wo seid ihr her?

Lukas 13,27

Du kennst dich aus,
du weißt Bescheid,
du kommst schon durch.
Du kennst diese,
du kennst jenen,
man kennt dich,
gute Beziehungen.

Doch kennst du den Einen
und wird Er dich kennen
eines Tages?

Offene Rechnungen

Am Ende wird uns
die Rechnung präsentiert,
die gegen uns aufgemacht wird.

Am Ende werden wir
Rechnung ablegen müssen über das,
was uns in Rechnung gestellt wird.

Am Ende wird einer
die alten Rechnungen begleichen
und uns auf seine Rechnung nehmen.

Damit können wir rechnen.

Was werden wird

Aus einem Kern wird einmal
ein Apfelbaum.
Aus einer Raupe wird bald
ein Schmetterling.
Und aus dir soll werden
ein Häufchen Asche nur?

Ex tempore

Marias Schwangerschaft war ungeplant.
Die Jünger waren mitten bei der Arbeit.
Am Grab hatte ihn keiner lebend erwartet.

Und auch zu uns wird er kommen,
ohne einen Termin zu machen.
Doch welch Wunder: Wir werden Zeit haben

ohne Ende.

Ewigkeitssonntag

Letzter Weg,
letztes Wort,
letzter Wunsch:

Ich lebe,
und ihr
sollt auch leben.

Johannes 14,19

Ausgerechnet

Gern rechnen wir
miteinander ab,
gegeneinander auf,
und zum Schluss rechnen
wir mit dem Schlimmsten.

Da haben wir aber
die Rechnung ohne
den großen Wirt gemacht:
Was wir schuldig sind,
ist längst bezahlt.

Matthäi am Letzten

Und dann hieß es,
es sei Matthäi am Letzten
und alle schauten wir
ganz betroffen.

Dabei sind wir doch
Matthäi am Letzten
in guter Gesellschaft:
„Seid gewiss: Ich bin bei euch
alle Tage bis zum Ende der Welt.“

Matthäusevangelium, das Ende

Es wird Zeit

aus heiterem Himmel
fällt dir Klares ins Herz
und einen kurzen Moment
weißt du vom Ende von
Vergehen Verwehen Vergessen

Und sein ist das Reich.
Und die Kraft.
Und die Herrlichkeit.

und du weißt was
immer auch wird
es wird gut
es wird Sein
es wird Zeit

Rettung

Seit Kindertagen
die ewig gleiche Frage,
ob wir denn noch
zu retten wären.

Um Gottes Willen:
Ja!

In deine Hände

Ich komme zu mir
und wende
mich zu ihm
in seine Hände

Ich komme zur Ruh‘
ich sende
was ich bin
in treue Hände

Ich komme zu dir
am Ende
meinen Geist
in deine Hände

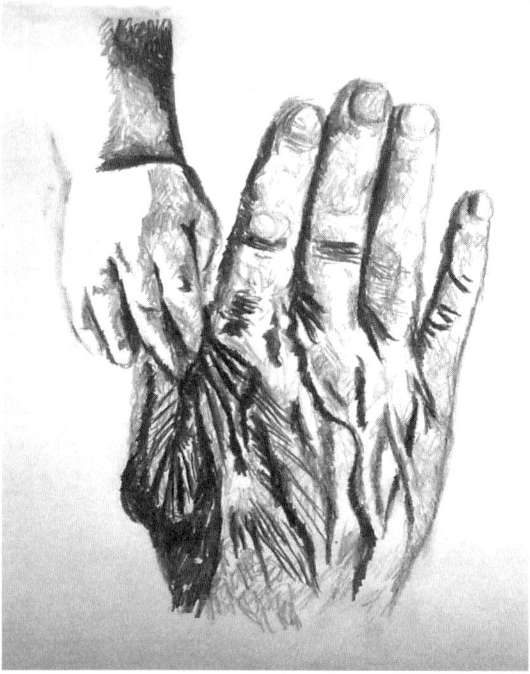

Inhaltsverzeichnis

Gleich bestellen:

„Der Rede Wert“
Tobias Petzoldt
Gedichte und Texte
Format: 11,5 x 18 cm
Taschenbuch
62 Seiten
3. Auflage 2008
Preis: 6,90 €
ISBN 978-3-934071-84-1

… im Manuela Kinzel Verlag

Musikalisch erhältlich:

CD zwischenFall „Wir wollen reden“ 2008
CD zwischenFall „soweit“ 2005
CD zwischenFall „bewegt+Heimatskizzen“ 2003
CD zwischenFall „Die besten Gäste“ 1998

www.zwischenfall.net www.laurarecords.de